PADRE REGINALDO MANZOTTI

apresenta

com texto de
CAROLINA CHAGAS

FREI GALVÃO

Copyright © 2015, by Pe. Reginaldo Manzotti
Copyright © da coautoria 2015, by Carolina Chagas

Direitos de edição da obra em língua portuguesa no Brasil adquiridos pela PETRA, um selo da EDITORA NOVA FRONTEIRA PARTICIPAÇÕES S.A., licenciado para a PETRA EDITORIAL LTDA. Todos os direitos reservados. Nenhuma parte desta obra pode ser apropriada e estocada em sistema de banco de dados ou processo similar, em qualquer forma ou meio, seja eletrônico, de fotocópia, gravação etc., sem a permissão do detentor do copirraite.

EDITORA NOVA FRONTEIRA PARTICIPAPAÇÕES S.A.
Rua Nova Jerusalém, 345 – Bonsucesso – 21042-235
Rio de Janeiro – RJ – Brasil
Tel.: (21) 3882-8200 – Fax: (21)3882-8212/8313

CIP-BRASIL. CATALOGAÇÃO NA FONTE
SINDICATO NACIONAL DOS EDITORES DE LIVROS, RJ

M253p

    Manzotti, Reginaldo, 1969-
    Pe. Reginaldo Manzotti apresenta Frei Galvão / Pe. Reginaldo Manzotti e Carolina Chagas. - 1. ed. - Rio de Janeiro : Petra, 2015.
    64 p.

    ISBN 978.85.220.3051-4
    1. Galvão, Frei, Santo, 1739-1822. 2. Franciscanos - Brasil. 3. Livros de orações. - Biografia. I. Título. Série.

CDD: 242.76
CDU: 243

PADRE REGINALDO MANZOTTI

apresenta

com texto de
CAROLINA CHAGAS

FREI GALVÃO

petra

SUMÁRIO

07 . Apresentação

09 . CAPÍTULO 1
A vida de Frei Galvão
14 . A formação religiosa
17 . A vocação
22 . A construção do mosteiro

33 . CAPÍTULO 2
Os milagres
39 . A canonização

49 . CAPÍTULO 3
As pílulas milagrosas
53 . Novena de Frei Galvão
55 . Oração a Frei Galvão
57 . Onde encontrar as pílulas

APRESENTAÇÃO

No mosteiro da Luz, em São Paulo, entre 10h e 17h, há sempre uma fila na saleta próxima à igreja. Nos fins de semana, ela é bem grande. Durante a semana, um pouco menor. Mas está sempre lá. Ali, são distribuídas as milagrosas pílulas de Frei Galvão. Quem busca alento nesses pedacinhos de papel leva toda sorte de angústia no coração: dificuldade de engravidar, problemas de saúde, brigas na justiça, casamentos em crise, desemprego e falta de dinheiro, e muitas outras mais. Antes mesmo de ser canonizado, Frei Galvão já era considerado santo e capaz de realizar milagres. O processo, concluído em 2007 pelo Vaticano, só confirmou o que milhares de fiéis já sabiam desde a morte do religioso, em 1822.

As páginas a seguir contam detalhes da vida, dos milagres e da produção das pílulas de Frei Galvão.

Peço a Frei Galvão que abençoe esta obra e que, lá de cima, faça desse mundo um lugar melhor para nossos filhos crescerem.

CAPÍTULO 1
A vida de Frei Galvão

O primeiro santo brasileiro, Frei Galvão, nasceu em Guaratinguetá — mesma cidade do interior de São Paulo onde, em 12 de outubro de 1717, três pescadores encontraram a milagrosa imagem de Nossa Senhora Aparecida nas águas do rio Paraíba do Sul. Ninguém sabe com exatidão quando Frei Galvão nasceu. A informação perdeu-se com o desaparecimento dos livros de registros de nascimento e batismo dos anos entre 1729 e 1740 da igreja matriz da cidade. Em certo documento escrito por ele, e usado no processo de canonização, há uma declaração dizendo que nasceu em 1739.

Foi o primeiro de sua família a nascer em Guaratinguetá. Seus três irmãos mais velhos — José, Maria e Isabel — são da cidade vizinha, Pindamonhangaba. Depois dele, também em Guaratinguetá, nasceram mais sete irmãos, só que apenas quatro sobreviveram: Anna, Anna Jacinta, Manoel e Francisca Xavier. Devotos de Sant'Ana, os pais de Frei Galvão — o imigrante português vindo da cidade de Faro, Antônio Galvão de França, e a filha de fazendeiros de Pindamonhangaba e descendente do bandeirante Fernão Dias, Izabel Leite de Barros — usaram o nome da santa para duas de suas filhas. Pela mesma devoção, o frade escolheu o nome Antônio de Sant'Ana Galvão quando entrou para a vida religiosa.

Ao nascer, foi batizado com o nome do pai, Antônio Galvão de França, um imigrante pouco habituado ao manejo da terra, mas hábil nas relações comerciais. Foi para crescer no comércio, justamente, que Antônio saíra de Pindamonhangaba com a mulher e os três filhos, e instalara-se numa cidade maior. Em Guaratinguetá, progrediu. Depois de alguns anos, foi nomeado sargento-mor, responsável por comandar a vila e por cuidar da identificação e do registro de todos que por ali passassem, conforme o costume. A casa da família, onde Frei Galvão nasceu e passou a infância, ainda existe e está entre as mais antigas de Guaratinguetá.

Quando o menino Antônio completou 13 anos, os pais decidiram investir em sua educação. Naquela época, os jesuítas eram os melhores instrutores de que o país dispunha, mas havia também um movimento, vindo de Portugal, contra as instituições religiosas dirigidas por eles. O colégio dos jesuítas de São Paulo havia sido fechado e os pais de Antônio optaram por enviá-lo para um convento nos arredores de Salvador, na Bahia. O seminário de Belém era uma das melhores instituições de ensino do Brasil, e o irmão mais velho de Antônio, José, já estudava lá.

Antônio fez a demorada viagem até o seminário de Belém — a 130 km da capital baiana, às margens do rio Paraguaçu — acompanhado de alguns escravos de seu pai. O mosteiro comandado por padres jesuítas, escolhido pelas famílias mais abastadas do país para formar seus jovens, adotava uma linha rígida de educação: os próprios alunos cuidavam da faxina e de pequenos reparos. Antônio estudou ali por seis anos e soube por carta da morte da mãe, ocorrida em 1755.

Em 1758 voltou ao lar paterno decidido a seguir a vida religiosa. Antes de regressar, já havia escrito ao pai comunicando suas intenções. Sua vontade era continuar junto aos jesuítas instalados na Bahia, mas, com irmãos ainda pequenos, acabou convencido pelo pai a ficar em Guaratinguetá por mais dois anos. Comerciante bem informado, o pai de Frei Galvão sabia que a perseguição aos jesuítas por ordem do governo português estava cada vez mais acirrada e preferiu manter o filho perto de si, para poupá-lo de maiores aflições. Pouco tempo depois, chegou a eles a notícia de que o seminário de Belém fora fechado.

Em 1761, no entanto, o pai teve de ceder à vontade do filho de entregar-se a Deus. Integrante da Ordem Terceira dos Franciscanos, uma das três ordens religiosas fundadas por São Francisco de Assis (a primeira para frades, a segunda para freiras de clausura e a terceira para leigos), Antônio Galvão de França encaminhou o filho para um convento franciscano.

O pai teve de ceder à vontade do filho de entregar-se a Deus. Integrante da Ordem Terceira dos Franciscanos, [...] Antônio Galvão de França encaminhou o filho para um convento franciscano.

A *formação religiosa*

Com pouco mais de vinte anos de idade, Antônio mudou-se para o noviciado da Província Franciscana da Imaculada Conceição, que funcionava no convento de São Boaventura de Macacu, nos arredores do Rio de Janeiro. Diferentemente dos atuais franciscanos, que vestem hábitos marrons, naquela época, os seguidores de São Francisco (como também fora Santo Antônio) usavam vestes cinza. Em 1808, problemas com a importação de tecido de Portugal fizeram com que a cor das vestes franciscanas usadas no Brasil passasse a ser preta. Por essa razão, as imagens mais antigas de Frei Galvão mostram-no vestido de cinza ou de preto.

Em sua exumação, o tecido retirado de seu caixão era marrom bem escuro, o que pode indicar que ele tenha sido enterrado com um traje preto, pois esse tipo de pigmentação pode se deteriorar embaixo da terra.

Segundo os registros do período em que esteve em Macacu, a educação rígida recebida no colégio baiano teria ajudado em sua adaptação ao ritmo de estudos do noviciado. Além de se aprofundar no conhecimento da biografia de São Francisco e na iniciação à vida religiosa, que incluía horas de recitação, oração e meditação, os noviços dedicavam-se a trabalhos manuais e aos cuidados com a casa, a horta e a cozinha. Antônio viveu um ano entre os noviços e ali adotou o nome que o tornou famoso: Frei Antônio de Sant'Ana Galvão.

Do convento de Macacu, foi enviado para o Rio de Janeiro, onde, em 11 de junho de 1762, recebeu a Ordenação Sacerdotal. Naquela época, uma viagem de Guaratinguetá — no Vale do Paraíba — para o Rio de Janeiro era muito custosa e difícil; por isso nenhum familiar de Antônio assistiu à cerimônia que o consagrou padre católico. Mas, a caminho do convento de São Francisco, na capital paulista, onde finalizaria seus estudos, Frei Galvão parou para visitar a família. Em Guaratinguetá, rezou sua primeira missa, que serviu para apresentar a todos a figura do nobre Antônio, que agora era frade.

Em São Paulo, Frei Galvão estudou filosofia, teologia e moral. Nesse período, morou numa casa de religiosos próxima à praça do Patriarca, no centro, numa das extremidades do viaduto do Chá. Conta-se que a força de sua palavra, aliada a sua figura bonita e imponente (a exumação confirmou que ele tinha cerca de 1,90 m), cativou desde cedo grande número de devotos, que se multiplicavam sempre que ele rezava uma missa.

Aos 27 anos, em 9 de novembro de 1766, Frei Galvão teria escrito um documento em que se colocava como servo e escravo da Virgem Maria. Assinar tal documento — chamado Cédula de Escravidão a Nossa Senhora — era comum aos devotos de Maria naquela época, quando ainda não havia sido instituído o dogma da Imaculada Conceição (pelo qual todo católico deve reconhecer, sem sombra de dúvida, que Maria permaneceu virgem ao conceber em seu ventre o Menino Jesus). Com o documento, o religioso reforçava o propósito de permanecer imaculado, sem pecados, como Maria, e servir aos bons e aos maus por toda a vida. Como mandava a tradição, a carta deve ter sido assinada com sangue retirado de seu peito.

A vocação

A vocação de Frei Galvão desenvolveu-se sólida e rapidamente entre os franciscanos. Não era comum passar de noviço a sacerdote em um ano, como aconteceu com ele, e muito menos ser indicado como pregador, confessor de leigos e porteiro do convento de São Francisco imediatamente depois de formado em filosofia, como também aconteceu com ele, que exerceu essas funções a partir de 23 de julho de 1768.

Desde muito cedo, destacou-se pela maturidade cultural e humana, devida em parte à sólida formação que recebeu junto aos jesuítas e às imensas devoção e bondade. Pelo bom trabalho, foi reeleito por mais três anos naquelas funções. Fazia confissões e pregações com frequência, mas o papel a que mais se dedicava era o de porteiro do convento de São Francisco.

Cabia-lhe receber os fiéis que ali chegavam. Suas doçura e bondade ganharam fama e começaram a atrair grande número de fiéis. Nessa época, a Câmara Municipal de São

Paulo publicou um documento no qual estava escrito que Frei Galvão era "um novo esplendor do convento".

Seus sermões também lhe renderam grande prestígio: em 1770, foi convidado a tornar-se membro da Academia dos Felizes, a primeira Academia de Letras paulista, pelo então capitão-geral da organização, dom Luís Antônio de Souza Botelho Mourão. Houve grandes festas em agosto daquele ano na inauguração da instituição e, para as festividades, Frei Galvão compôs uma série de poesias em louvor a Sant'Ana, todas em latim.

No mesmo ano, passou a ser confessor do Recolhimento de Santa Teresa, único local em São Paulo para religiosas que queriam seguir a vocação. O convite foi uma recompensa pelo reconhecido trabalho que fazia junto aos leigos. No Recolhimento, encontrou Helena de Paranapanema, também conhecida com irmã Helena Maria do Espírito Santo, religiosa de profunda bondade e devoção. Em suas confissões, Helena contou ao frade que tinha visões e recebia sinais em que Jesus pedia-lhe que fundasse um novo convento "para outras ovelhas que estavam fora do aprisco...".

Durante as confissões, Frei Galvão começou a estudar o que dizia a irmã, que já lhe despertava grande admiração. Procurou, então, o auxílio do bispo diocesano, que se consultou com outros religiosos. Depois de estudos e muitas conversas, as visões de irmã Helena foram aceitas como verdadeiras.

Convencido do pedido do Filho de Deus, Frei Galvão abraçou a causa com irmã Helena e fez dela uma das razões de sua vida. Assumindo mais essa tarefa, ele fechava a tríade de obrigações de um franciscano. Como sacerdote, cumpria seu dever junto aos religiosos e aos leigos, e agora poderia dedicar-se também à formação de noviças, como fizera São Francisco com irmã Clara.

Em 2 de fevereiro de 1774, conseguiu abrir o local para recolhimento, como fora vislumbrado por irmã Helena. Havia na cidade de São Paulo uma pequena capela, no terreno chamado de Sítio da Luz, abandonada e em ruínas havia anos. Conhecendo o desejo de Frei Galvão de fundar um local para a formação e o abrigo de futuras religiosas, o então capitão-geral de São Paulo, dom Luís Antônio de Sousa, mandou construir alguns cômodos ao redor da igreja e cedeu o espaço. Pediu apenas que chamassem o lugar de Recolhimento de Nossa Senhora da Conceição da Divina Providência. No ano seguinte à inauguração, irmã Helena morreu e Frei Galvão passou a cuidar sozinho da instituição.

Nesse mesmo período, o marquês de Pombal — secretário de Estado do Reino (uma espécie de primeiro-ministro) de dom José I, rei de Portugal — instituíra a proibição de construir locais destinados a ordens religiosas. Pombal era representante em Portugal do chamado "despotismo iluminado" da época, caracterizado pelo autoritarismo extremo e pelas medidas econômicas progressistas. Fortalecido pelo comando da reconstrução de Lisboa — arrasada por um terremoto em 1755 — e pelos resultados de suas reformas administrativas, econômicas e sociais, o marquês foi um dos principais responsáveis pela expulsão dos jesuítas de Portugal e de suas colônias.

Para não transgredir a ordem de Pombal, em 1775, o novo capitão-geral de São Paulo, Martim Lopes Lobo de Saldanha, determinou o fechamento do Recolhimento de Nossa

Senhora da Conceição da Divina Providência. As irmãs que ali viviam fingiram acatar as ordens e permaneceram em vigília sem ver a luz do sol durante um mês. Enquanto isso, Frei Galvão rezou, fez penitências e movimentou-se para que a ordem fosse revogada e o local pudesse voltar a funcionar. Com ajuda da pressão popular e do bispo de São Paulo, conseguiu reabri-lo e, sabiamente, chamou-o de Recolhimento da Luz. O nome indicava que ali viviam mulheres piedosas, mas que não tinham necessariamente feito votos de fé em Deus, e protegia o endereço de arbitrariedades como a ordem de fechamento dada pelo capitão-geral.

Os sete anos do capitão-geral Martim Lopes à frente do comando da cidade de São Paulo não lhe renderam boa fama. "Perverso", "mesquinho", "tirano" e "meio fraco das ideias" foram alguns dos adjetivos a ele atribuídos nesse período. Quando condenou um soldado injustamente à morte, Frei Galvão levantou-se contra sua atitude. Irritado com o religioso, o capitão-geral mandou executar o soldado e ainda expulsou o frade da cidade. Conta-se que Frei Galvão já estava no Brás (ponto considerado fora do perímetro urbano naqueles tempos), indo para o Rio de Janeiro, quando foi alcançado por um mensageiro do povo, trazendo uma contraordem para que ficasse. Martim Lopes voltou atrás depois que sua casa foi cercada por cidadãos irritados pela decisão de expulsar o frade da cidade. Ele nunca mais se envolveu em atritos com Frei Galvão.

A construção do mosteiro

A história do Recolhimento (a ordem de fechamento e o que aconteceu depois) e a fama da justiça e da bondade de Frei Galvão começaram a se espalhar. Muitos viam o ocorrido na casa das freiras como um milagre, um exemplo de destino escolhido e protegido por Deus, e logo começou a crescer a procura de noviças pelo lugar — tanto que foi preciso providenciar novas acomodações. Frei Galvão fez, então, o projeto do mosteiro de Nossa Senhora da Conceição da Luz e assumiu a responsabilidade de cuidar pessoalmente da reforma. A pé, passou a percorrer cidades do interior paulista, pregando e buscando recursos — muitas vezes esmolas —, para a ampliação do Recolhimento da Luz.

Em 1788, as irmãs deixaram as instalações antigas e mudaram-se para as novas acomodações desenhadas e construídas por Frei Galvão, ainda em obras. A austeridade era grande, mesmo nas novas instalações: as freiras faziam voto de extrema pobreza e só trabalhavam pelo bem do próximo. Por conta da escassez de recursos, foram necessários 14 anos para que o Recolhimento ficasse totalmente pronto e mais 14 para a construção da igreja, inaugurada em agosto de 1802.

Frei Galvão foi responsável por todas as etapas da construção, tanto do convento como da igreja. Foi arquiteto, mestre de obras, servente e carpinteiro. Encarregou-se também do trabalho braçal, ao lado dos muitos escravos que no decorrer dos anos foram cedidos por famílias nobres para ajudar nas obras. O mosteiro da Luz, como hoje é conhecido, foi inscrito em 1943 no Departamento do Patrimônio Histórico, Artístico e Nacional de São Paulo e, em 1988, foi declarado pela Unesco como Patrimônio Cultural da Humanidade.

Sempre foi com grande apreço que Frei Galvão cuidou do convento e amparou as jovens religiosas. Para elas, escreveu um estatuto que serve até hoje como guia de vida e de disciplina, e que estudiosos consideram como um dos principais documentos de sua autoria, por mostrar bastante de sua personalidade e devoção a Deus. O trabalho frente ao convento e a dedicação à sua construção serviram para fazer crescer a fama que ele, perto dos trinta anos de idade, começou a ganhar em São Paulo: de santo.

No auge da construção do mosteiro da Luz, os superiores de sua Ordem Religiosa aventaram à possibilidade de Frei Galvão deixar a cidade e passar a servir em outro ponto mais carente do país. Foi um verdadeiro "Deus nos acuda!". Irmãs, fiéis, religiosos e famílias inteiras escreveram cartas indignadas para a Câmara e o Bispado, protestando e clamando contra tal ideia. Depois de abrir e ler pilhas de cartas de eleitores, os membros da Câmara encaminharam um documento oficial aos superiores de Frei Galvão, dizendo que "os povos de São Paulo nem sequer poderiam pensar em viver sem a presença de seu Padre Galvão". Outra carta enviada a seus superiores dizia: "Este homem tão necessário às religiosas da Luz é preciosíssimo a toda esta Cidade e Vilas da Capitania de São Paulo, é homem religiosíssimo e de prudente conselho; todos acorrem a pedir-lho; é homem da paz e da caridade, todos buscam a sua virtude." Os apelos garantiram sua permanência entre os paulistanos.

Suas obrigações religiosas, porém, faziam com que ele tivesse de viajar pelas cercanias de São Paulo. As viagens, além de atender a Ordem, serviam para que conseguisse fundos para investir no mosteiro e na igreja do mosteiro da Luz. Frei Galvão ia sempre a pé, não usava cavalo ou a cadeirinha sustentada por escravos, normal naquele tempo. Não importava a distância — fosse para o litoral paulista, fosse para o Rio de Janeiro —, ia a pé. A atitude chamava a atenção das pessoas nos lugares por onde ele passava e fazia com que multidões se aglomerassem ao seu redor.

Prestes a completar setenta anos, em 1807, ganhou o cargo de Visitador-geral de todos os endereços de sua Ordem, mas a idade já não permitia grandes esforços físicos e ele declinou da distinção recebida, apesar de haver registros de suas visitas a Itu e a Taubaté, sempre a pé, apenas três anos antes.

Iluminado por Nossa Senhora, o frade escreveu em um pedaço de papel [...] Enrolou o papel, partiu em três pedaços e instruiu o homem para que os engolisse. Nas horas seguintes, sem grandes dificuldades os cálculos foram expelidos.

Na mesma época, foi procurado por um homem que sofria de fortes dores provocadas por um cálculo renal. Desesperado, o homem pediu a Frei Galvão que lhe desse um remédio para aliviar a dor. Iluminado por Nossa Senhora, o frade escreveu em um pedaço de papel: Post partum Virgo inviolata permansisti, Dei Genitrix Intercede pro nobis. Na frase em latim invocava a intercessão da mãe de Deus, que permaneceu virgem após o parto. Enrolou o papel, partiu em três pedaços e instruiu o homem para que os engolisse. Nas horas seguintes, sem grandes dificuldades, os cálculos foram expelidos. Esse teria sido o primeiro episódio em que foram utilizadas as pílulas de Frei Galvão.

Num outro momento, procurado por um homem que lhe pedia que ajudasse sua mulher em dificílimo trabalho de parto, o frade, não podendo sair do convento, enviou as pílulas à parturiente e, dias depois, recebeu a visita da feliz e sadia família que tinha salvado. A fama das pílulas milagrosas espalhou-se pela cidade e muita gente passou a procurá-las. Frei Galvão ensinou as freiras a fazê-las e, desde então, multiplicaram-se os relatos de curas, alívios e verdadeiros milagres atribuídos aos minúsculos pedaços de papel.

Da mesma época, outra história que se conta é que, em 1808, Frei Galvão viajou para a região do vale do rio Piraí, no Paraná, em missão especial de sua Ordem. Durante a viagem, hospedou-se na casa de Ana Rosa Maria da Conceição e, ao despedir-se, entregou à afetuosa anfitriã uma estampa de Nossa Senhora — muito simples, medindo aproximadamente dez por 15 centímetros — e disse-lhe que aquele pedaço de pano com a imagem da Mãe de Deus era milagroso. A mulher emoldurou a imagem, com os dizeres "Lembrança de Frei Galvão", e pendurou-a em sua casa. Mais tarde, Ana Rosa ficou viúva, mudou-se e perdeu o quadro. Um dia, passando por uma região que sofrera um grande incêndio, reencontrou a estampa que, apesar de estar no meio dos objetos carbonizados, não sofrera uma queimadura sequer. A notícia espalhou-se e a imagem passou a ser venerada no município de Piraí do Sul como Nossa Senhora das Brotas — por ter surgido entre os escombros, mas perto de alguns brotos de vegetação nova. A ela são atribuídos muitos milagres e, todo ano, no dia 26 de dezembro, há romaria na cidade em sua homenagem. A virgem foi citada no L'Osservatore Romano, jornal oficial do Vaticano, na edição que registrou a beatificação de Frei Galvão.

Em agosto de 1811, chegou à Cúria de São Paulo um pedido de dona Manuela de Santa Clara para que Frei Galvão enviasse três de suas discípulas do Recolhimento da Luz para fundar o Recolhimento de Santa Clara, em Sorocaba. Apesar de doente e cansado, Frei Galvão encheu-se de ânimo e alegria, escolheu as três freiras e seguiu com elas para a nova empreitada. Uma das eleitas era a irmã Isabel da Visitação, sua sobrinha, que acabou tornando-se a primeira madre superiora da nova casa. Outras duas sobrinhas suas também seguiram a vocação religiosa, Ana da Encarnação e irmã Rita do Sagrado Coração de Jesus, e ele era tão severo e atencioso com elas quanto com as outras irmãs do convento. Por quase onze meses Frei Galvão dedicou-se à criação do novo Recolhimento que, superados os percalços iniciais, prosperou e converteu-se em grande colaborador da instituição de São Paulo. Terminada a tarefa, voltou a São Paulo, de onde não saiu mais.

Caminhando para os oitenta anos, passou a residir no prédio que construíra para as religiosas do Retiro da Luz, onde continuou a trabalhar na educação das irmãs, no término da igreja do mosteiro (não conseguiu erguer a torre, mas deixou esboços de como queria que ficasse) e dando alento às pessoas que nunca deixaram de procurá-lo. Em seus últimos meses de vida, Frei Galvão não podia mais sair da cama. No dia 23 de dezembro de 1822, aos 83 anos, morreu cercado pelas freiras que educou.

Mais de três mil pessoas compareceram ao seu velório no mosteiro, numa época em que São Paulo tinha 25 mil habitantes (seria como se, hoje, 1,3 milhão de pessoas fossem a um velório na cidade). Seu enterro foi um dos maiores acontecimentos da cidade em todos os tempos. Para guardar uma lembrança de Frei Galvão, muitos levaram tesouras e cortaram pedaços de sua veste. A certa altura, alguém pediu que parassem de cortá-la, pois as pernas do frade estavam ficando à mostra. Parece que os fiéis já sabiam que um santo deixava a Terra para se juntar aos seus no reino dos Céus.

Frei Galvão foi enterrado no mosteiro da Luz e até hoje é enorme o número de fiéis que visitam seu túmulo e deixam lá, por escrito, pedidos e agradecimentos. Os papéis, depois, são queimados num belo ritual e dizem que a fumaça saída da fogueira leva os pedidos ao frade. A primeira lápide de seu túmulo foi desaparecendo aos poucos, pois todos que por ali passavam retiravam um pedacinho. Esses pedaços, geralmente pedrinhas, eram colocados em copos d'água; e a água, usada para curar os mais diversos males. Atualmente, o local onde está seu túmulo é protegido por uma lápide de mármore. Após a exumação de seu corpo, feita em 1991 como parte do processo de canonização, os restos mortais de Frei Galvão foram retirados do túmulo.

CAPÍTULO 2
Os milagres

Como aconteceu com São Francisco e Santo Antônio, há registros de dons sobrenaturais de Frei Galvão observados enquanto ele estava vivo. Vários autores garantem que ele tinha o poder da bilocação, ou seja, podia estar presente em dois lugares ao mesmo tempo. Uma das histórias que confirma o dom teria acontecido em 1810. Um homem chamado Manoel Portes ia de Cuiabá para São Paulo e parou para dormir com sua tropa em Potunduba, perto de Jaú, no interior paulista. Durante o dia, Manoel havia discutido com um de seus escravos e, como castigo, chicoteara-o. Para vingar-se, o escravo apunhalou-o no fim do dia, quando pararam para dormir. Sofrendo e percebendo que não conseguiria escapar da morte, Manoel começou a chamar desesperadamente por Frei Galvão para se confessar. Pouco tempo depois, seus companheiros de viagem viram o frade chegar entre os arbustos, ajoelhar-se ao lado do homem ferido e ouvir suas últimas palavras. Manoel morreu em seguida e Frei Galvão desapareceu. Ao mesmo tempo, em São Paulo, muitos assistiam a uma missa rezada por Frei Galvão e contaram que naquele momento ele interrompeu sua pregação e pediu que todos orassem pela salvação de uma alma cristã que estava longe dali; ficou alguns minutos em silêncio e depois continuou a missa.

Outra história é a da mulher que passava por um trabalho de parto complicado em uma fazenda no interior de São Paulo e pediu ao marido que fosse à capital pedir ajuda a Frei Galvão. Assim que chegou ao mosteiro da Luz, o marido soube que o religioso estava em viagem para o Rio de Janeiro. Triste, retomou o caminho de casa, onde chegou só no dia seguinte. Assustou-se ao encontrar a mulher em ótimo estado e muito grata a Frei Galvão que, segundo ela, estivera ali, ouvira sua confissão e benzera um copo d'água para que bebesse. A água benta estabilizou sua saúde e permitiu que o filho nascesse saudável. Agradecido, o homem foi ao Rio de Janeiro encontrar-se com Frei Galvão e soube, então, pelo guardião do Convento que o frade não saíra do local. Pediu para conversar com ele, que teria dito não saber explicar como conseguira acudir sua mulher, mas que de fato estivera lá.

Numa outra ocasião, um doente em Taubaté recebeu a visita de amigos e disse que já estava pronto para morrer, pois acabara de se confessar com Frei Galvão. Todos riram porque sabiam que o frade não estava na cidade (a essa altura sua fama já era grande e sua chegada em qualquer lugar causava grande comoção). O homem calou a todos pegando sob seu travesseiro um lenço que pertencia a Frei Galvão. Disse-lhes que ele havia esquecido durante a confissão e pediu que, assim que morresse, um dos amigos o devolvesse ao frade em São Paulo.

Relatos provam, também, seu dom de fazer premonições. Uma das sobrinhas de Frei Galvão teve uma gravidez bastante complicada. Com medo do parto, resolveu que teceria um novo cordão para a veste de seu tio e que pediria, em troca, o cordão que ele usava para amarrá-lo à barriga na hora do parto. Não contou sua decisão a ninguém e começou a tecer o cinto novo. Frei Galvão chegou inesperadamente a Guaratinguetá e foi visitar a sobrinha. Ao vê-la, desamarrou o cordão de sua cintura e pediu que lhe desse o novo que havia tecido. Disse a ela que ficasse com aquele cordão e que o usasse para ajudar outras mulheres com problemas durante o parto.

Há diversas histórias curiosas, como a de um ex-escravo adoentado que prometeu dar uma vara com 12 frangos a Frei Galvão caso sarasse. Tão logo fez a promessa, curou-se. Colocou, então, 12 frangos amarrados em um pedaço de pau e seguiu na direção do Mosteiro da Luz. No caminho, três frangos fugiram da vara. Dois ele pegou rapidamente. Mas o terceiro, um carijó, deu muito trabalho para ser recuperado. Prestes a dominar o frangote, praguejou: "Venha cá, frango do diabo." Ao encontrar Frei Galvão, entregou-lhe a vara com os 12 frangos. O frade, agradecido, aceitou-a, mas tirou o carijó e devolveu ao homem dizendo: "Aceito todos os outros, menos esse, que já deste ao diabo."

Vários são os relatos que falam do dom de levitar de Frei Galvão, especialmente quando ficava sozinho ou durante orações e meditações. Um grupo de meninos de Taubaté, com a curiosidade despertada pela figura que tanto movimentava a cidade, teria espreitado o frade em seus aposentos e, para sua surpresa, naquele momento, ele levitava. Há registros também de pessoas que o viram caminhar sem tocar no chão. Famosa ficou a quadrinha popular criada depois da constatação desse dom e que dizia assim:

Na minha aflição, / Dai-me consolação, / Senhor meu Frei Galvão, / Que não pisais no chão.

Outra história bastante conhecida aconteceu em Guaratinguetá. Conta-se que ele rezava uma missa em frente à igreja Matriz da cidade e uma multidão acompanhava a cerimônia espremida na praça a céu aberto. Durante o sermão, uma tempestade anunciou-se. Frei Galvão disse aos presentes que não se preocupassem porque naquela praça não cairia uma só gota de chuva. E assim foi. Minutos depois a vila foi varrida por forte tempestade, mas os que ouviam o frade não sentiram nem um pingo d'água. Fato se-

Na minha aflição,

Dai-me consolação,

Senhor meu Frei Galvão,

Que não pisais no chão.

melhante aconteceu na cerimônia de sua beatificação, na praça São Pedro, no Vaticano, em 25 de outubro de 1998.

A canonização

O primeiro pedido de canonização de Frei Galvão foi encaminhado pela madre Oliva Maria de Jesus, abadessa do mosteiro da Luz, a dom Duarte Leopoldo e Silva, arcebispo de São Paulo, em 1938. Para reforçar o pedido, ia junto um abaixo-assinado com mais de 50 mil assinaturas, encabeçado pelo monsenhor João Batista Martins Ladeira, vigário-geral da Arquidiocese de São Paulo no começo do século XIX, atestando a santidade do frade. Apesar de ter ganhado força e novos adeptos, em 1939 o pedido caiu no esquecimento, provavelmente por falta de verbas e de um encarregado para assumir o processo.

Dez anos mais tarde, em 1949, chegou a ser formado um tribunal eclesiástico para a beatificação de Frei Galvão (o primeiro grande passo para a canonização), encabeçado pelo juiz delegado cônego Francisco Cipullo. O resultado foi encaminhado a Roma, mas não houve resposta. Em 1954, a abadessa do mosteiro da Luz recebeu uma carta oficial que tirava as esperanças sobre a canonização de Frei Galvão e, mais uma vez, o projeto foi abandonado. Em dezembro de 1969, dom Agnelo Rossi, recém-eleito cardeal de São Paulo, reabriu o processo de canonização e constituiu novo tribunal. Não se tem notícia dos resultados desse tribunal. Rossi mudou-se no ano seguinte para Roma, onde assumiu funções junto ao Vaticano.

Depois do papado de João Paulo II, as normas para canonização ficaram mais flexíveis. Ele acreditava que os santos eram o melhor presente que Deus podia dar aos homens. Por meio do exemplo de uma pessoa real e próxima, os fiéis podiam dar-se conta da magnitude do Pai e, por isso mesmo, aproximar-se da igreja e da Palavra Divina. Com a simplificação dos processos, João Paulo II canonizou, em seus 23 anos de pontificado, 482 santos, número maior do que a soma de todos os santos canonizados por seus antecessores. Entre as medidas instituídas pelo Papa está a redução do número de milagres necessários para um candidato virar santo: antes eram necessários dois milagres para virar beato e mais dois para a santificação. Agora é necessário apenas um milagre em cada etapa do processo.

Em 1980, o então cardeal-arcebispo de São Paulo, dom Paulo Evaristo Arns, recebeu novo pedido do mosteiro da Luz de canonização de Frei Galvão e, estimulado pelas mudanças de João Paulo II, começou a organizar os documentos para retomar o processo. Até 1986, quando, depois dos primeiros estudos, foi aberta oficialmente a Causa da Canonização, o processo caminhou a passos lentos, mas em 1991 um novo fato acelerou os trabalhos: irmã Célia Cadorin, responsável pela documentação do processo de canonização de irmã Paulina, aceitou o convite para cuidar do caso de Frei Galvão. Instalada no Vaticano, irmã Célia contava com a ajuda providencial de irmã Claudia Hodecker, que vive em clausura no mosteiro da Luz, em São Paulo. Esta selecionou os milagres atribuídos ao frade que poderiam ajudar no processo. Havia 23.929 relatos de curas conseguidas após o uso das pílulas de Frei Galvão.

Para provar um milagre, são necessários vários estudos e muitas viagens ao Vaticano, que dá sempre a palavra final.

O processo de canonização de Frei Galvão custou, segundo cálculos da irmã Célia Cadorin, cerca de 90 mil euros.

Para ser canonizado, é preciso que o candidato tenha morrido pelo menos cinco anos antes do pedido. Um encarregado da diocese em que ele atuou deve organizar a documentação que comprove a santidade. Os papéis são enviados à Congregação das Causas dos Santos no Vaticano e se, depois de analisados, forem considerados importantes, forma-se um tribunal eclesiástico com juiz, promotor e notário, no lugar onde o candidato morreu. O tribunal ouve entre dez e vinte testemunhas, que devem comprovar que o candidato tinha as onze virtudes necessárias a um santo: fé, esperança, caridade, prudência, justiça, fortaleza, temperança, pobreza, castidade, humildade e obediência.

Todos os documentos que comprovem sua existência, como livros, cartas e certidões, são organizados e anexados ao processo. Depois, faz-se a exumação do corpo. Os registros são traduzidos para o italiano, caso o candidato seja de fora da Itália, e enviados para a análise de cinco consultores históricos e dez teólogos do Vaticano. O Papa dá sua aprovação e então se parte para a comprovação do primeiro milagre.

No local em que aconteceu a graça reúnem-se um juiz, um promotor, um notário e um médico. Eles avaliam o milagre, que deve ser sempre de cura, de efeito duradouro e sem explicação científica. Ouvem-se pelo menos dez testemunhas. E há uma importante condição a ser respeitada: o agraciado só pode ter rezado àquele candidato a santo e a mais ninguém, com exceção de Nossa Senhora. Cinco médicos indicados pelo Vaticano analisam individualmente o relatório organizado a partir dos depoimentos e emitem um parecer. Sete teólogos — sendo que dois têm de ser médicos especialistas na área do milagre — também dão seu parecer. Esse material também é traduzido para o italiano para ser estudado pela Comissão de Bispos e Cardeais. O Papa anuncia a comprovação do milagre e o candidato a santo é beatificado.

Para que o beato vire santo, é preciso que se comprove a realização de um segundo milagre após sua beatificação. O processo de comprovação é igual ao do primeiro milagre e, depois dele, é feito um consistório (consulta aos cardeais).

Frei Galvão passou por todas essas etapas e a oficialização de sua santidade foi no dia 11 de maio de 2007, em missa na cidade de São Paulo, ministrada pelo Papa Bento XVI. Frei Galvão é o primeiro santo brasileiro e também o primeiro santo que teve sua missa de canonização realizada fora do Vaticano.

O primeiro milagre reconhecido para sua beatificação, oficializada em 25 de outubro de 1998, foi a cura de Daniela Cristina da Silva. Em 1990, aos quatro anos de idade, Daniela foi internada no hospital Emílio Ribas, em São Paulo, com hepatite tipo A. No hospital, teve várias complicações — hemorragia no sistema digestivo, paradas cardíacas, infecção hospitalar — e entrou em coma. Os médicos recomendaram à Jacyra, mãe da menina, que rezasse. Aconselhada por sua irmã, Jandyra, recorreu às pílulas de Frei Galvão, que eram dadas às escondidas para a menina na UTI, em um algodão embebido em água. Foi também rezada uma novena para o frade e, ao seu término, a menina estava boa. Hoje, é saudável e alegre.

Aconselhada por sua irmã, Jandyra, recorreu às pílulas de Frei Galvão [...] Foi também rezada uma novena para o frade e, ao seu término, a menina estava boa.

O segundo milagre que garantiu a canonização de Frei Galvão foi o nascimento de Enzo de Almeida Gallafassi, em 11 de dezembro de 1999. Quando engravidou, a mãe de Enzo, Sandra Grossi de Almeida, achou que teria mais uma gravidez perdida. Ela já havia sofrido três abortos por conta de seu útero bicorne, com duas cavidades separadas por uma cartilagem. Nenhuma das cavidades tinha espaço suficiente para levar uma gravidez adiante. Antes da 20ª semana, sempre perdia o bebê. Na gravidez de Enzo, ela soube das pílulas de Frei Galvão e começou a tomá-las. Segundo Sandra, já no primeiro dia parou de sangrar e de sentir dores (um dos problemas de uma gravidez em útero dividido é que um dos lados, o que não abriga o bebê, continua menstruando). A gravidez, apesar de ser de risco, seguiu normalmente e Enzo nasceu de 32 semanas, com quase dois quilos e 42 centímetros. Os médicos consideram o caso raríssimo e acrescentam que um bebê de uma gestação desse tipo corre sério risco de nascer com problemas de má formação, o que não aconteceu.

Os processos que levaram à canonização de Frei Galvão serviram para aumentar sua fama de santo. Se no início ele era apenas o "Tio Santo", em Guaratinguetá, e o "Santo das Pílulas das Freirinhas" em São Paulo, no desenrolar dos quatro processos seu nome ganhou vulto e fama e seus milagres espalharam-se pelo Estado de São Paulo, pelo Brasil, pela América Latina e por Portugal.

CAPÍTULO 3
As pílulas milagrosas

Depois de criar as pílulas para acudir um homem que sofria de cólicas renais e também usá-las para ajudar uma mulher que passava por difícil trabalho de parto num lugar aonde não podia ir, Frei Galvão não parou mais de produzir os pequenos pedaços de papel com a oração que lhe fora soprada por Nossa Senhora da Imaculada Conceição. Escritos em latim, os dizeres podem ser traduzidos para o português como: "Depois do parto, ó Virgem, permaneceste intacta! Mãe de Deus, intercedei por nós." Antes de morrer, o frade ensinou as irmãs do mosteiro da Luz a confeccionar as pílulas para que continuassem ajudando os necessitados. Desde então, a fama dos pedacinhos de papel ganhou o Brasil, a América Latina e Portugal. Hoje, além do Mosteiro, há outras dez instituições autorizadas a produzir as pílulas.

No mosteiro da Luz, todos os dias, inclusive nos fins de semana, há fila diante do local onde as pílulas são doadas. Estima-se que sejam distribuídos ali mais de 10 mil embrulhinhos, com três pílulas cada um, por dia. As pílulas são fabricadas pelas freiras que vivem em clausura. Para atender a demanda, elas trabalham sem parar. Em Sorocaba, Guaratinguetá, Itu, Piracicaba e Santos — em São Paulo —, Ponta Grossa — no Paraná — Joinvile — em Santa Catarina —, Uberaba — em Minas Gerais —, e Jataí de Monte Sião — em Goiás — mais freiras e voluntárias produzem outras muitas centenas de pílulas.

Em Guaratinguetá, há duas instituições autorizadas a fazer as pílulas: o mosteiro da Imaculada Conceição e a Irmandade Frei Galvão. Criada em 2000 para aliviar o trabalho das freiras do mosteiro da cidade natal do frade, a irmandade tem 25 voluntárias que se reúnem de segunda a sexta-feira, entre 14h e 18h, para confeccionar as pílulas. Produzem em média 60 mil pacotinhos, com três pílulas cada, por mês. Parte da produção é enviada pelo correio. Os devotos que enviam uma carta para a irmandade, com um envelope selado dentro, recebem de volta um pacotinho com três *kits* de pílulas. Só na irmandade é possível que um pesquisador acompanhe o processo de produção das pílulas, que começa na Gráfica Frei Galvão, também em Guaratinguetá. Ali, numa bobina de cinco centímetros de largura, são produzidas, em papel comestível, as folhas com as palavras em latim. As folhas, cortadas em pedaços com dez centímetros de altura, e também o papel que vai embrulhar os *kits* de três pílulas saem da gráfica em caixas para a igreja Matriz da cidade, onde trabalham as voluntárias da irmandade, em sua maioria professoras aposentadas. Todos os dias elas primeiro higienizam as mãos com álcool para depois enrolar as tiras de papel de dez centímetros com a ajuda de uma haste de metal, sobre uma bancada de granito. Os rolinhos são fixados com uma cola caseira feita de água, polvilho azedo e uma pequena dose de álcool de cereais, que serve como conservante. Assim enrolados, os papéis são cortados em pequenos pedaços de poucos milímetros para transformarem-se nas pílulas, que depois são embaladas de três em três. Em seguida, três *kits* de três pílulas são colocados num saquinho de papel com a novena de Frei Galvão e as instruções de uso. Benzidos pelo padre da Matriz, os saquinhos são distribuídos aos fiéis. Todos os envolvidos no processo trabalham de graça, como pagamento de promessas feitas a Frei Galvão e das graças alcançadas. As pílulas também são distribuídas gratuitamente.

No meio do trabalho, às 15h, uma das mulheres na produção das pílulas puxa as orações. Por vinte minutos, todas rezam em voz alta uma oração ao Espírito Santo, um Pai-Nosso, uma Ave-Maria, uma Salve-Rainha, um Credo, uma oração que acompanha a novena de Frei Galvão, mais uma Ave-Maria, um Pai-Nosso e uma Glória ao Pai. Depois da reza, vem o cafezinho, preparado ali mesmo e sempre acompanhado de um quitute trazido por uma delas. O lanche é gostoso, mas bem rápido, tomado em pé mesmo, para não levar muito tempo.

Mãos limpas com álcool novamente, todas retomam seus lugares na linha de produção. Cantorias e conversas — quase sempre sobre as graças de Frei Galvão — embalam o trabalho. Há mais um ponto em comum entre todas as mulheres da irmandade, além do fato de viverem na cidade de Guaratinguetá: todas já usaram as pílulas e foram agraciadas mais de uma vez por Frei Galvão.

Novena de Frei Galvão

O *kit* com as pílulas de Frei Galvão é acompanhado de um papel com um resumo da trajetória do frade e as instruções para obter a graça.

A orientação é simples: deve-se fazer uma novena, rezando todos os dias a mesma oração (transcrita a seguir), e as pílulas devem ser ingeridas no primeiro, quinto e nono dias de oração.

Oração da novena de Frei Galvão

Santíssima Trindade, Pai, Filho e Espírito Santo, eu Vos adoro, louvo e Vos dou graças pelos benefícios que me fizestes. Peço-Vos por tudo que fez e sofreu Vosso Venerável Frei Antônio de Sant'Anna Galvão, que aumenteis em mim a fé, a esperança e a caridade, e Vos digneis conceder-me a graça que ardentemente almejo. (Fazer o pedido). Amém.

Rezar em seguida um Pai-Nosso, uma Ave-Maria e uma Glória ao Pai.

Pai-Nosso

Pai Nosso, que estais nos Céus, santificado seja o Vosso nome, venha a nós o Vosso reino, seja feita a Vossa vontade, assim na Terra como no Céu. O pão nosso de cada dia nos dai hoje. Perdoai-nos as nossas ofensas, assim como nós perdoamos a quem nos tem ofendido, e não nos deixeis cair em tentação, mas livrai-nos do mal. Amém.

Ave-Maria

Ave-Maria, cheia de graça, o Senhor é convosco, bendita sois Vós entre as mulheres, bendito é o fruto em Vosso

*ventre, Jesus. Santa Maria, Mãe de Deus, rogai por nós os
pecadores, agora e na hora da nossa morte. Amém.*

Glória ao Pai
*Glória ao Pai, ao Filho e ao Espírito Santo, assim como era
no princípio, agora e sempre, por todos séculos dos séculos. Amém.*

Oração a Frei Galvão

(Parte integrante do *kit* de pílulas produzido em Guaratinguetá; ali, recomenda-se que ela seja acrescentada à novena.)

*Deus de amor, fonte de todas as luzes, que cumulastes de
bênçãos o Vosso servo Frei Antônio de Sant'Anna Galvão,
nós Vos adoramos e glorificamos, e Vos agradecemos,
porque nele fizestes maravilhas.*

*Ele, Senhor, por Vossa inspiração, criou para o Vosso povo
sofrido aquelas pílulas, sinal de Vossa compaixão para com*

os enfermos, sinal seguro da meditação da Virgem Maria Imaculada; alcança-nos, pela intercessão de Vossa Mãe, e do Frei Galvão, que nós, ao tomarmos com fé e devoção essas pílulas, consigamos a graça desejada (pedir a graça).

E procuremos conhecer sempre mais o Evangelho que ele viveu, cultivando com amor a vida Eucarística. Ó Frei Galvão, junto a Maria, Mãe de Deus, rogai por nós, para que obtenhamos do Pai Celeste a vida plena no amor do Espírito Santo. Amém.

Onde encontrar as pílulas

MOSTEIRO DA LUZ
Av. Tiradentes, 676 – São Paulo, SP.
Só pessoalmente, todos os dias das 10h às 17h.

SEMINÁRIO FREI GALVÃO
Av. Integração, 151, Guaratinguetá, São Paulo, SP.
CEP. 12522-030.
Pessoalmente ou por carta (enviar junto com o pedido um
envelope selado e endereçado para receber as pílulas).

CASA FREI GALVÃO
Rua Frei Galvão, 78, Guaratinguetá, São Paulo, SP.
CEP 12501-230.
Pessoalmente ou por carta (enviar junto com o pedido um
envelope selado e endereçado para receber as pílulas).

CATEDRAL DE SANTO ANTÔNIO
Praça Santo Antônio, 300, Guaratinguetá, São Paulo, SP.
CEP 12500-350.

Pessoalmente ou por carta (enviar junto com o pedido um envelope selado e endereçado para receber as pílulas).

SANTUÁRIO SANTO ANTÓNIO
Lago Marquês de Monte Alegre, 13, Santos, SP.
CEP 11010-260.

Pessoalmente ou por carta (enviar junto com o pedido um envelope selado e endereçado para receber as pílulas).

BIBLIOGRAFIA

ARMANDO ALEXANDRE DOS SANTOS, *O Mosteiro da Luz e seu fundador Frei Galvão*. 1ª ed. São Paulo: Artpress, 1999.

Caderno de Turismo: Turismo Religioso. *Folha de S. Paulo*, São Paulo, 15 de fevereiro de 2007.

FREI CARMELO SURIAN, OFM, *Beato Frei Galvão, um brasileiro na glória dos santos*. 4ª ed. Petrópolis: Vozes, 1999.

Frei Galvão, um santo 100% nacional. *Revista Veja*, São Paulo, 28 de fevereiro de 2007.

MARISTELA, Frei Galvão, *Bandeirante de Cristo: Vida do beato Frei Antônio de Sant'Ana Galvão*. 3ª ed. Petrópolis: Vozes, 1998.

MOSTEIRO DAS IRMÃS CONCEPCIONISTAS, *Frei Antônio de Sant'Anna Galvão (Antônio Galvão de França)* OFM-Desc. 1ª ed. São Paulo: Edições Loyola.

O primeiro santo brasileiro. *Revista Época*. São Paulo, 26 de fevereiro de 2007.

PUBLISHER // Kaíke Nanne

EDITORA EXECUTIVA // Carolina Chagas

COORDENAÇÃO GERAL // Maristela Ciarrocchi

COORDENADORA DE PRODUÇÃO // Thalita Aragão Ramalho

PRODUTORA EDITORIAL // Lara Gouvêa

REVISÃO // Jaciara Lima e Luiz Werneck

DIAGRAMAÇÃO // Typostudio

CAPA // Lúcio Nöthlich Pimentel

FOTO DA CAPA // Leo Averna

Este livro foi impresso em São Paulo, em 2015,
pela Intergraf para a Petra.
O papel do miolo é offset 63g/m²,
e o da capa é cartão 250g/m².